WALTER EUCKEN INSTITUT

Vorträge und Aufsätze

124

Marktwirtschaftliche Politik für die 90er Jahre

von

Otto Schlecht

J. C. B. MOHR (PAUL SIEBECK) TÜBINGEN

Erweiterte Fassung eines Vortrags, gehalten auf Einladung des Walter Eucken Instituts, am 26. Januar 1989 in Freiburg im Breisgau.

CIP-Titelaufnahme der Deutschen Bibliothek

Schlecht, Otto:
Marktwirtschaftliche Politik für die 90er Jahre / von Otto Schlecht. – Tübingen : Mohr, 1989
(Vorträge und Aufsätze / Walter-Eucken-Institut ; 124)
ISBN 3-16-345488-7
ISSN 0509-6065
NE: Walter-Eucken-Institut ⟨Freiburg, Breisgau⟩: Vorträge und Aufsätze

Printed in Germany. Satz: Computersatz Staiger GmbH, Ammerbuch-Pfäffingen;
Druck: Gulde-Druck, Tübingen;

Vorbemerkung

Erlauben Sie mir zugunsten des „Genius loci“ (Freiburg und Walter Eucken Institut) eine politisch-historische Vorbemerkung: In diesem Jahr feiern wir 40 Jahre Bundesrepublik Deutschland und Soziale Marktwirtschaft. 50 Jahre ist es her, daß Hitler den 2. Weltkrieg mit allen seinen schrecklichen Konsequenzen auslöste. Bereits in den 30er Jahren hatte sich in Freiburg eine Gruppe von Wissenschaftlern um Walter Eucken, Franz Böhm und Hans Großmann-Doerth zusammengefunden – später „Freiburger Schule“ genannt –, die die wissenschaftlichen Grundlagen für eine freiheitliche, menschenwürdige und effiziente Wirtschafts- und Gesellschaftsordnung erarbeitete.[1] Seit Anfang der 40er Jahre formierte sich geistiger Widerstand in den sog. „Freiburger Kreisen“,[2] in denen über eine Neugestaltung der Wirtschafts- und Gesellschaftsordnung nach dem Krieg nachgedacht wurde.

---

[1] Vgl. dazu u. a. FRANZ BÖHM: „Die Forschungs- und Lehrgemeinschaft zwischen Juristen und Volkswirten an der Universität Freiburg in den dreißiger und vierziger Jahren des 20. Jahrhunderts (Das Recht der Ordnung der Wirtschaft)“, in: H. J. WOLFF (Hrsg.). *Aus der Geschichte der Rechts- und Staatswissenschaften zu Freiburg im Breisgau*, Freiburg 1957, S. 158–175. – WALTER EUCKEN, FRANZ BÖHM, HANS GROSSMANN-DOERTH: „Unsere Aufgabe“, Geleitwort zu der von ihnen herausgegebenen Schriftenreihe „Ordnung der Wirtschaft“ (1937), wiederabgedruckt in: F. A. LUTZ: *Politische Überzeugungen und Nationalökonomische Theorie*, Walter Eucken Institut (Hrsg.), Wirtschaftswissenschaftliche und wirtschaftsrechtliche Untersuchungen 8, Tübingen (J. C. B. Mohr/P. Siebeck) 1971, S. 87–97. – WALTER EUCKEN: „Wettbewerb als Grundprinzip der Wirtschaftsverfassung“, in: *Der Wettbewerb als Mittel volkswirtschaftlicher Leistungssteigerung und Leistungsauslese*. Schriften der Akademie für Deutsches Recht, Heft 6, Berlin (Duncker & Humblot) 1942, S. 29–49.

[2] Siehe dazu: *Freiburger Universitätsblätter*, (Wiederhergestellte Ordnungen: Zukunftsentwürfe Freiburger Professoren 1942–1948) Heft 192, Dezember 1988, Freiburg (Verlag Rombach), insb. S. 21.

Wissenschaftler, die der Freiburger Schule angehörten oder ihr nahestanden, haben gleich nach Kriegsende die wissenschaftliche Fundierung einer ordoliberalen Wirtschaftsordnung weiter ausgebaut. Sie war maßgeblich für die Wirtschaftsordnung, die dann unter der Bezeichnung „Soziale Marktwirtschaft" (Müller-Armack) in Wirklichkeit umgesetzt wurde und sich mit Höhen und Tiefen in vier Jahrzehnten bewährt hat. Die „Freiburger Schule" hat mich beim Studium in ihren Bann gezogen und seither nicht mehr losgelassen.

Inhalt

I. Wirtschaftspolitische Erfolge im Rückblick

„Jeder Ausblick braucht eine empirische Stütze, einen Rückblick. Beides ergibt eine Perspektive". Ich mache mir diese „Arbeitsanweisung" von Herbert Giersch für mein Thema „Marktwirtschaftliche Politik für die 90er Jahre" gerne zu eigen. Fangen wir also mit der Rückschau an, soweit sie für das Thema von Belang ist.

Es hat wohl selten in der Geschichte der Bundesrepublik Deutschland ein Jahr gegeben, in dem Prognose und Ergebnis der wirtschaftlichen Entwicklung so weit auseinanderklafften wie im letzten Jahr. Zu dieser Feststellung berechtigt noch nicht einmal nur der bloße Abstand zwischen Prognosezahlen und dem tatsächlichen Ist-Ergebnis, obwohl auch der schon beachtlich ist. Immerhin wurden selbst die zu Anfang des Jahres als optimistisch angesehenen Schätzungen, z. B. die des Bundeswirtschaftsministeriums, um nahezu 100% übertroffen. Hinzu kommt vor allem, daß die allgemeinen Bedingungen, unter denen sich das wirtschaftliche Wachstum abspielte, zunächst falsch eingeschätzt wurden, also z. B. die Wirkungen des Börsencrashs auf die realen Wirtschaften. Daß mit fast 3 ½ % realem Wachstum im letzten Jahr das bisher günstigste Ergebnis in den achtziger Jahren erzielt werden würde, hat wohl niemand zu Beginn des Jahres 1988 erwartet. Zugegebenermaßen haben zur Verstärkung der konjunkturellen Aufwärtsentwicklung auch günstige Einflüsse, wie etwa milde Witterungsbedingungen, eine gute Ernte, die reale Abwertung der DM oder die nochmalige Verbilligung des Erdöls beigetragen.

Glück gehört indessen auch zum politischen Geschäft und Glück hat bekanntlich nur der Tüchtige. Denn dieses gute wirtschaftliche Ergebnis ist nicht wie „Manna" vom Himmel gefallen, sondern nicht zuletzt das Produkt einer besonnenen, langfristig angelegten, aber auch situationsgerecht reagierenden Politik von Bundesregierung und Bundesbank, aber auch der engen Zusammenarbeit mit gleichen Zielsetzungen der großen Industrieländer.

Kürzlich war unter den wirtschaftswissenschaftlichen Forschungsinstituten streitig, ob das gute 88er Wachstum Ergebnis besserer (aber unterschätzter) Angebotsbedingungen ist oder der guten monetären Ausstattung und Abstimmung. Ich habe gesagt: Beides hat dazu beigetragen. Es kann kein Zweifel bestehen, daß insbesondere die politisch bewirkte Verbesserung der mikro- und makroökonomischen Rahmenbedingungen in den vorausgegangenen Jahren zu einer Stärkung der Konstitution unserer Wirtschaft geführt und sie gegenüber externen Schocks resistenter gemacht hat. „Störungen, wie sie vom Börsencrash und den anschließenden Turbulenzen im vergangenen Spätherbst ausgingen", so schreibt es der Sachverständigenrat zur Begutachtung der gesamtwirtschaftlichen Entwicklung in seinem letzten Herbstgutachten, „hätte sie ohne diese Besserung weniger leicht verkraftet".

Ich erinnere z. B. an die Wiederherstellung der Geldwertstabilität nach langen Jahren schleichender Inflation. Hierzu hat maßgeblich die Deutsche Bundesbank mit einer behutsamen und adäquaten Geldpolitik beigetragen, aber auch die Tarifparteien mit einer Lohnpolitik mit Augenmaß und der Staat durch die Rückführung der Neuverschuldung.

Ich erinnere weiterhin an die diversen Steuerentlastungsmaßnahmen für Unternehmen und Arbeitnehmer, die Rückführung der Staatsquote, den Einstieg in den Subventionsabbau im Zusammenhang mit der Steuerreform, die Privatisierung öffentlicher Unternehmen, Maßnahmen zur Deregulierung, die Förderung von Mobilität und Flexibilität am Arbeitsmarkt durch das Beschäftigungsförderungsgesetz, die Qualifizierungsoffensive, den Einstieg in die notwendige Begrenzung des Anstiegs der Lohnzusatzkosten durch die Reform des Gesundheitswesens sowie die leistungs- und wettbewerbsfördernden Beschlüsse zur Vollendung eines Europäischen Binnenmarktes, um nur die wichtigsten zu nennen.

Alle diese Maßnahmen sind Teil eines wirtschaftspolitischen Gesamtkonzepts, nämlich der Strategie zur ordnungspolitischen „Rückbesinnung" auf eine Politik zur Stärkung der Sozialen Marktwirtschaft. Sie hat dazu beigetragen, das Vertrauen von Unternehmern und Verbrauchern in eine langfristige, an marktwirtschaftlichen Prinzipien orientierte Wachstumspolitik zu stärken.

Vertrauen in die Stetigkeit und Berechenbarkeit der Wirtschaftspolitik ist ein unentbehrlicher Bestandteil für langfristiges Planen, also insbesondere für Innovationen und Investitionen, deren Einsatz und Amortisation sich über längere Zeiträume erstreckt. „Konstanz der Daten" hat dies Walter Eucken genannt. Der Einfluß dieses Faktors auf das Innovations- und Investitionsverhalten der Unternehmer und damit für den Auf- und Ausbau einer modernen, wachstumsfördernden Produktionsstruktur wird in der Öffentlichkeit viel zu sehr unterschätzt. Dabei ist es m. E. evident, daß fehlendes Vertrauen in die Konstanz der Wirtschaftspolitik oder – anders gewendet – eine unstabile Wirtschaftspolitik die Unternehmen dazu zwingt, vorwiegend solche Investitionen durchzuführen, die infolge kurzfristig hoher Rentabilität sehr schnell das investierte Kapital wieder hereinbringen.

Es ist ebenso einsichtig, daß bei stark wechselnden Rahmenbedingungen auch das unternehmerische Risiko sehr hoch ist und daher die Zahl der geplanten und tatsächlich durchgeführten Investitionen geringer ist als sie unter anderen Vorzeichen sein können. Zwar kann und darf die Wirtschaftspolitik den Unternehmen das geschäftliche Risiko nicht abnehmen – das wäre das Ende einer freiheitlichen und offenen Wettbewerbsordnung –, aber sie kann zumindest das Ihrige tun, „vermeidbare" Unsicherheit zu verringern. Eine Distanz zwischen unternehmerischen Plandaten und den faktischen Daten wird zwar immer bestehen, solange sich jedenfalls eine offene Wirtschaft entwickelt, aber diese Distanz sollte durch Verläßlichkeit und Kontinuität in der Wirtschaftspolitik möglichst klein gehalten werden.

Ich glaube, daß uns dieses in den letzten Jahren gelungen ist. Und dies nicht nur auf nationaler, sondern – was für unsere exportorientierte Wirtschaft mindestens ebenso wichtig ist – auch auf internationaler Ebene. Ohne die rasche, entschlossene und – wie sich gezeigt hat – richtige international koordinierte Reaktion der wichtigsten Industrieländer auf den „Börsencrash" des vorletzten Jahres, wäre zweifellos trotz verbesserter interner „fundamentals" die wirtschaftliche Entwicklung im vergangenen Jahr nicht so günstig verlaufen, wie sie dann tatsächlich verlaufen ist.

Die Marktteilnehmer haben seinerzeit offenbar rasch erkannt, daß die politischen Instanzen willens und in der Lage waren, die politischen Fehler, die man in ähnlicher Lage 1929 begangen hat, zu vermeiden:

- Erstens haben die Zentralbanken keinen Zweifel aufkommen lassen, daß jederzeit genügend Liquiditität zur Verfügung stehen würde. Damit wurden aufkommende Befürchtungen vor einer möglichen Bankenkrise von vornherein vermieden.
- Zweitens wurden durch eine im großen und ganzen funktionierende Kooperation im währungspolitischen Bereich größere Wechselkursirritationen – wie sie zunächst einmal von namhaften, insbesondere US-Ökonomen (Feldstein) für wahrscheinlich gehalten wurden – unterbunden.
- Drittens reagierten die Leistungsbilanzüberschußländer wie die Bundesrepublik und Japan nicht mit einer restriktiven, sondern im Gegenteil mit einer expansiven Finanzpolitik, wodurch – in Verbindung mit den anderen Faktoren – die Furcht vor einer politisch bedingten, weltweiten Wachstumsabschwächung abgewendet werden konnte.
- Viertens konnte der handelspolitische Protektionismus trotz aller vorhandenen schleichenden Tendenzen, in Grenzen gehalten werden.

Alles dies hat dazu beigetragen, daß ein Übergreifen der Finanzmarktturbulenzen auf die „realen" Märkte verhindert und einer allgemeinen Vertrauenskrise vorgebeugt werden konnte.

Die zeitweilige Verunsicherung wurde daher rasch überwunden; Konsum- und Investitionsattentismus breiteten sich nicht aus. Der Schaden blieb sozusagen auf die Spekulation begrenzt. Die wirtschaftliche Entwicklung blieb in allen Industrieländern aufwärts gerichtet.

Dies stimulierte den internationalen Handel und begünstigte auch den deutschen Export. Gleichzeitig hat sich in realer Rechnung der Anteil des Außenbeitrags am Bruttosozialprodukt von 1985 bis 1988 nahezu halbiert. Dies zeigt nicht nur, daß von unserer Wirtschaft in den letzten Jahren deutliche Wachstumsimpulse auf das Ausland ausgingen. Man muß auch bedenken, daß die hohen Nettokapitalexporte der Bundesrepublik die Investitionsmöglichkeiten in den Partnerländern, besonders in der EG, verbessert haben, so daß die verallgemeinernde internationale Kritik an unseren Außenhandelsüberschüssen zumindest zu kurz greift. Es bleibt aber, daß die Bundesrepublik mittelfristig ihre Überschüsse weiter abbauen und durch Stärkung der binnenwirtschaftlichen Dynamik ihren Beitrag zur internationalen Kooperation leisten muß.

Für die wachstumsstützende Stärkung des privaten Verbrauchs kam die Steuerentlastung 1988 gerade zum richtigen Zeitpunkt. Und für die Investoren war besonders wichtig, daß sich im Gefolge von niedrigen Zinsen und moderaten Lohnabschlüssen die Ertragslage und die Eigenfinanzierungsmöglichkeiten – und damit das allgemeine Investitionsklima – deutlich verbessert hatten. „Vielen (Unternehmen) fällt es (dadurch) ... leichter, Neues zu wagen – neue Fertigungsverfahren einzuführen, neue Produkte auf den Markt zu bringen, neue Märkte zu erschließen, neue Kunden zu gewinnen – und damit den Grundstein zu mehr rentabler Produktion zu legen", so der Sachverständigenrat. Dies und das Vertrauen in eine weiterhin wachstumsfreundliche Politik bewirkten, daß 1988 erstmals nach langen Jahren wieder eine ausgeprägte Dynamik der Anlageinvestitionen in Gang kam. Insbesondere die Ausrüstungsinvestitionen haben mit ca. 6½ % 1988 kräftig zugenommen. Damit tragen alle großen Bereiche der Binnennachfrage jetzt wieder zum Wirtschaftswachstum bei.

II. Günstige Perspektiven

Alles in allem genommen, das können wir heute feststellen, hat die wirtschaftliche Entwicklung 1988 erneut an Schwung gewonnen und vollzieht sich auf einem sehr breiten Fundament. Die Bilanz nach gut sechs Jahren ordnungspolitischer Neuorientierung kann sich also durchaus sehen lassen, und angesichts der im letzten Jahr erreichten Wachstumsdynamik können auch die Perspektiven für dieses Jahr und wohl auch für 1990 als durchaus günstig gelten.

Die Bundesregierung hat in ihrer Projektion im Jahreswirtschaftsbericht ein Wachstum von rd. 2½ % angesetzt mit einem weiteren

Beschäftigungsanstieg von 150–200000 Personen; realistische, wenngleich ehrgeizige Ziele: sie setzen nämlich den gleichen Verlaufsanstieg wie 1988 voraus. Angesichts der jüngsten Erfahrungen bin ich mir dabei der Prognoseunwägbarkeiten (weltwirtschaftliche Ungleichgewichte, Wechselkursentwicklung, Zinsen etc.) durchaus bewußt.

Erfreulich ist für die mittelfristige Perspektive, daß die stärkste Dynamik in diesem Jahr erneut von der Entwicklung der Ausrüstungsinvestitionen ausgehen wird. Bei der hohen Auslastung der Kapazitäten, wie wir sie zuletzt 1973 verzeichnet haben, ist die Erweiterung und Modernisierung der Produktionsanlagen nahezu unumgänglich. Ein Grund dafür ist auch, daß gerade in der heutigen Zeit, in der sich aufgrund der „Computerisierung" der gewerblichen Produktion ebenso wie die der Dienstleistungen, Produktionsmethoden und -technologien sehr rasch verändern, die Unternehmen auf dem neuesten Stand der Technik bleiben müssen, um national und vor allem international konkurrenzfähig zu sein. Dies gilt insbesondere im Hinblick auf die weitere Integration der europäischen Wirtschaft durch die Vollendung des Binnenmarktes 1992.

Alles in allem genommen halte ich die Bedingungen für eine Fortsetzung des Wachstumsprozesses – externe und interne „Schocks" und Überraschungen einmal ausgeschlossen – im Jahr 1989 und auch darüberhinaus für günstig. Auch die weitere Steuerentlastung im nächsten Jahr wird dazu beitragen.

III. Wachstums- und ordnungspolitischer Handlungsbedarf

Das heißt aber nun beileibe nicht, daß man sich bequem zurücklehnen und die Hände in den Schoß legen könnte. Die Lage am Arbeitsmarkt ist zwar besser geworden, aber immer noch unbefriedigend. Wir haben zwar keinen konjunkturpolitischen, wohl aber einen weiteren ordnungs- und wachstumspolitischen Handlungsbedarf. Die wachstums- und beschäftigungshemmende Höhe der Steuerbelastung, die Entwicklung der Lohnzusatzkosten, die Regulierungsdichte sowie ganz generell die zu langsame Bewältigung der strukturellen Anpassung zeigt solchen Handlungsbedarf. Unsere

Wirtschaft muß weiter und verstärkt von den Fesseln befreit werden, die ein noch höheres, beschäftigungsintensiveres Wachstum behindern.

Quantitatives Wachstum ist zwar durch mannigfaltige Gründe, über die man reden kann, in den letzten Jahren etwas in Verruf geraten, aber ohne Wachstum, das dürfte als sicher gelten, lassen sich die Probleme, vor denen wir stehen, nicht lösen. Wir brauchen mehr wirtschaftliches Wachstum, denn selbst 2 ½ % im Schnitt der letzten Jahre waren zur Bewältigung der strukturellen Probleme zu wenig. Deshalb muß an den Voraussetzungen für ein höheres, zugleich aber ökologisch vertretbares und beschäftigungsintensiveres Wachstum weiter gearbeitet werden, um

– bei dem Abbau der Arbeitslosigkeit weiter voranzukommen,
– die finanziellen Mittel zu erhalten, die wir brauchen, um die notwendigen Aufwendungen zum Schutz unserer Umwelt finanzieren zu können, damit das Wachstum auch qualitativ befriedigt,
– die sozialen Sicherungssysteme finanzierbar zu halten,
– die Friktionen des Strukturwandels sozial verträglich zu gestalten,
– die Auseinandersetzungen um die Verteilung des gesamtwirtschaftlichen Produktivitätsfortschritts zu entschärfen sowie
– unsere Verpflichtungen zugunsten einer Hebung des Lebensstandards in den weniger entwickelten Ländern zu erfüllen.

Eine wesentliche Voraussetzung für eine steigende und dauerhaft stärkere Wachstumsdynamik ist eine anhaltend hohe Investitionstätigkeit. Investitionen entscheiden über die Qualität eines Aufschwungs, über seine Breite und Tiefe. Je stärker das gesamtwirtschaftliche Produktionspotential steigt, um so geringer ist die Gefahr, daß ein Aufschwung schon frühzeitig auf Kapazitätsengpässe stößt und sich in einer Verschlechterung des Preisklimas bemerkbar macht.

Die Belebung der Investitionstätigkeit im letzten Jahr läßt hoffen, daß der Ausbau der Kapazitäten nun rascher vorankommt als in den letzten Jahren. Dies ist auch notwendig, denn wegen der Investitionsschwäche in den 70er Jahren hat sich das Wachstum des Produktionspotentials (Potentialschätzung: Sachverständigenrat) auf etwa

2% verlangsamt. Angesichts der bereits erreichten hohen Kapazitätsauslastung bedeutet dies jetzt eine echte und schwerwiegende Wachstumsbremse.

Um so weniger wären allerdings staatliche Nachfrageprogramme, wie sie auch jetzt wieder gelegentlich in die Diskussion gebracht werden, ein geeignetes Mittel zur Stimulierung des Wachstums. Im Gegenteil! Die Bundesregierung hat in ihrem jüngsten Jahreswirtschaftsbericht erneut deutlich gemacht, daß sie eine solche Politik ablehnt. Sie würde neue Unsicherheiten über den Kurs der Wirtschaftspolitik schaffen, zu höherer Steuerbelastung oder mehr Staatsverschuldung führen, die Investitionsbereitschaft dämpfen und so letztlich nur die Beschäftigungsprobleme erhöhen. Wie die fünf Forschungsinstitute in ihrer letzten Gemeinschaftsdiagnose zu Recht feststellen, reichen die Sachkapazitäten bei den (schon jetzt) gegebenen Bedingungen der Faktorkombination – von den Nutzungszeiten bis zu den Kostenrelationen – nicht aus, um erheblich mehr Arbeitskräfte zu beschäftigen.

Der Weg zu einer wachtumsfördernden und spannungsfreien Erhöhung des Produktionspotentials führt folglich nur über mehr Investitionen. Ich sagte schon, daß die Entwicklung des letzten Jahres in diesem Zusammenhang erfreulich ist und auch die Perspektiven für dieses Jahr recht günstig sind. Aber die hohe Investitionsneigung muß sich erst stabilisieren – über Jahre hinweg.

Dafür müssen die Angebotsbedingungen weiter verbessert werden. Zwar ist der Kostendruck schwächer geworden, die Belastung mit Steuern geringer und die zukunftsgerichteten Kalkulationsgrundlagen durch die relative Stabilität des Geldwerts sicherer, aber der Zugang zu vielen Märkten, insbesondere im Dienstleistungsbereich, ist nach wie vor behindert. Es gibt noch zu viele Regulierungen, es wird noch zu viel subventioniert und die Unternehmensbesteuerung ist reformbedürftig. Der Arbeitsmarkt und die Tarifparteien müssen flexibler werden, um den Anforderungen, die der Strukturwandel an die Unternehmen und ihre Investitionsbereitschaft stellt, in vollem Umfang gerecht zu werden.

Wachstumspolitik zur Förderung der Investitionstätigkeit und der Bewältigung des strukturellen Wandels ist insofern in erster Linie Wirtschaftsordnungspolitik, d. h. also – um es einmal so zu definieren – eine Politik, die die Märkte öffnet, sie von Hemmnissen und

Beschränkungen befreit, die klare und verläßliche Rahmenbedingungen setzt, innerhalb deren sich private Initiative und Pioniergeist – unter selbstverständlicher Berücksichtigung rechts- und sozialstaatlicher Normen – möglichst optimal entfalten kann.

Daß dies nichts mit „Laissez-faire"-Politik oder „Ellbogen-Mentalität" zu tun hat, brauche ich vor Ihnen sicher nicht zu betonen. Das ist die einfache Einsicht in die überlegene Effizienz der marktwirtschaftlichen Ordnung, die eben durch diese Effizienz auch unter sozial- und gesellschaftspolitischen Aspekten mehr für die in ihr tätigen und lebenden Menschen zu tun in der Lage ist als andere Wirtschaftssysteme. Manche erkennen das früher, manche später, manche auch nie. Aber die Tatsache, daß viele Ostblockländer sich neuerdings westlichem, auch marktwirtschaftlichem, Gedankengut öffnen, und daß wir in der Europäischen Gemeinschaft im Zusammenhang mit „Binnenmarkt 92" trotz parteipolitisch unterschiedlicher Regierungen eine Renaissance der Marktwirtschaft verzeichnen können, sollte auch jenen Anlaß zum Nachdenken geben, die zwar von den Errungenschaften der Marktwirtschaft hier bei uns leben, sie aber als wirtschaftliche Gestaltungsform für eine offene und freie Gesellschaft ansonsten ablehnen oder für ein theoretisches Konzept halten, das mit praktischer Politik nichts zu tun hat.

Marktwirtschaft ist freilich keine unerschöpfliche Quelle. Nur was erwirtschaftet wird, kann auch verteilt werden – es sei denn, man lebt auf Kosten der nachfolgenden Generationen. Wir haben damit ja schon unsere Erfahrungen gemacht. So hat eine Politik, die zwar sozial gemeint war, letztlich zu sozial und wirtschaftlich unbefriedigenden Ergebnissen geführt, an deren Korrektur wir noch heute arbeiten.

Ohne eine solide Finanzpolitik ist eine vernünftige Wirtschaftspolitik und eine Politik zur Förderung von Investitionen und Beschäftigung nicht möglich. Auch Wirtschafts- und Sozialpolitik stehen in ihren Resultaten in einem engen Zusammenhang miteinander. Dies ist keine neue Erkenntnis – ich rufe hier nur Euckens Interdependenz der Ordnungen in Erinnerung.

Eine Wirtschaftspolitik ohne soziale Gerechtigkeit verfehlt den sozialen Frieden und muß zu volkswirtschaftlichen Verlusten führen. Außerdem gefährdet sie die Akzeptanz der Wirtschaftsordnung in der Gesellschaft. Andererseits beraubt sich eine Sozialpolitik ohne Rücksicht auf die wirtschaftliche Leistungsfähigkeit und wirtschaftliches Wachstum auch selbst ihrer Möglichkeiten. Beides gilt es im Rahmen einer ganzheitlichen, mittelfristig angelegten Strategie zur Ordnung und Gestaltung unserer wirtschaftlichen Zukunft zu vermeiden. Stattdessen müssen wir sozialpolitische Zielsetzungen in Einklang bringen mit den Erfordernissen nach mehr Flexibilität und Anpassungsbereitschaft auf allen wirtschaftlichen Feldern. Das bedeutet nicht die Aufgabe wesentlicher sozialer Errungenschaften, wenn sie durch höhere Produktivität auch erarbeitet werden. Wichtig für die Zukunft ist aber die Einsicht auch in die sozialpolitischen Grenzen als unausweichliche Konsequenz, die der strukturelle Wandel heute und die Vollendung des EG-Binnenmarktes morgen an uns stellen werden.

Der Binnenmarkt ist keine ferne Utopie mehr, sondern zur greifbaren Realität geworden. Kommission und Ministerrat sind mit dem Maßnahmenbündel im Zeitplan: etwa die Hälfte ist bereits verwirklicht. Unter ordnungspolitischer Sicht ist dabei erfreulich, daß zunehmend von der Harmonisierung en detail abgegangen wird. Stattdessen kommt jetzt in Brüssel immer mehr der „neue Ansatz" zum Zuge: Verweis auf europäische Normen, gegenseitige Anerkennung und – wo möglich – Beschränkung auf gemeinsame Mindeststandards. Dies ist auch ein Stück Deregulierung und mehr Wettbewerb. In manchen Bereichen ist nicht Harmonisierung, sondern „Wettbewerb der Systeme" in der politischen Diskussion. Hier sind dann nationale Schulaufgaben zu machen, um die Rahmenbedingungen attraktiv an die Perspektive des gemeinsamen Binnenmarktes anzupassen. Auf diese Tendenzen müssen wir uns einstellen.

Mehr Wettbewerb wird sich auch auf den verschiedenen Dienstleistungsmärkten ergeben. Hier gibt es Bereiche, wo die Bundesrepublik eher ein Defizit an wettbewerblichen und offenen Märkten hat und wir via Brüssel in Zugzwang geraten. Einige der Schwerpunkte der Arbeit zur Schaffung des freien Dienstleistungsverkehrs sind die Liberalisierung der Finanzdienstleistungen, des Versicherungswesens und die gegenseitige Öffnung der Verkehrsmärkte.

Ein weiterer Bereich scheint mir von besonderer Bedeutung: Die Entwicklung der Märkte für neue Informationsdienstleistungen.

Hier geht es über Deregulierung und Liberalisierung hinaus. Vielmehr geht es darum, daß genügend Privatinitiativen entwickelt werden, die sich in den neuen länderübergreifenden Märkten für Informationen engagieren.

Die Schaffung des freien Dienstleistungsverkehrs im europäischen Binnenmarkt gewinnt auch dadurch Bedeutung, daß der Dienstleistungssektor seit geraumer Zeit bei uns und anderswo überdurchschnittlich expandiert. Seit 1970 ist bei uns die Zahl der im tertiären Sektor beschäftigten Menschen insgesamt um 2,7 Mio. gestiegen, wobei 1,5 Mio. auf die privaten Dienstleistungen entfallen und 1,2 Mio. auf den öffentlichen Sektor einschließlich Bundesbahn und Bundespost. Die Erwerbstätigkeit im landwirtschaftlichen und im industriellen Sektor war hingegen rückläufig. Das Wachstum des Dienstleistungssektors wird häufig als die Zauberformel angesehen, die Arbeitsmarktprobleme in der Bundesrepublik und in der Europäischen Gemeinschaft zu mildern oder gar zu lösen.

Ich will hier nicht den Eindruck erwecken, als könnten wir amerikanische Erfahrungen und Entwicklungen in kurzer Zeit nach Europa transferieren. Vielleicht ist das auch gar nicht wünschenswert. Dennoch scheint mir sicher, daß es in der gegenwärtigen Situation in der Bundesrepublik ein breites Spektrum von Wachstumschancen und neuen Beschäftigungsmöglichkeiten im Dienstleistungssektor gibt.

IV. Ordnungs- und wachstumspolitische „Gebote“

Bei der wirtschaftspolitischen Kursbestimmung für die 90er Jahre sollten zunächst folgende prinzipiellen Einsichten und Regeln beachtet werden:

- Wir können die Zukunft nicht planen, keine operationelle Langfristplanung für den „Konzern“ Deutsche Volkswirtschaft entwerfen. Der Strukturwandel und der Wettbewerb sind so stark, daß dies alles ganz schnell überholt ist. Wir können keine Strategien entwickeln und Maßnahmen vorbereiten für die Bewältigung von heute nicht vorhersehbaren Risiken und Problemen der Zukunft.

– Wir müssen uns deshalb davor hüten, heute politische Festlegungen in Einzelfragen vorzunehmen, die später nur noch unter höheren Kosten angepaßt werden können (Beispiele aus der Vergangenheit: Agrarmarktregulierungen, Jahrhundertvertrag für die Kohle, starre Arbeitszeiten).
– Wir können aber die Zukunft mitgestalten und für sie vorsorgen, indem wir die Voraussetzungen für die Bewältigung des strukturellen und technischen Wandels, für die Anpassungsfähigkeit und Flexibilität weiter verbessern.
– Es ist meine tiefe Überzeugung, daß dies im System der Sozialen Marktwirtschaft (relativ) am besten zu bewältigen ist. Es ist das System einer freiheitlich verfaßten offenen Gesellschaft und anpassungsfähigen Wirtschaft.

Das heißt allerdings nicht, daß die Politik überhaupt keine Vorgaben machen sollte. Nach wie vor ist die Vorhersehbarkeit und Berechenbarkeit des wirtschaftspolitischen Rahmens ein wichtiger Faktor für Investitionsentscheidungen in den Unternehmen. Nur darf der Rahmen nicht zum Korsett werden, sondern er muß an neue Entwicklungen angepaßt werden können.

Was heißt diese prinzipielle wirtschaftspolitische Orientierung nun im Konkreten?

1. Weitere Rückführung der Staatsquote

Sie wurde zwar schon von über 50% Anfang der 80er Jahre auf jetzt 46% zurückgeführt. Sie ist aber nach wie vor zu hoch. Eine sparsame Haushaltspolitik, die den Anstieg der Ausgaben tendenziell unterhalb des Wachstums des Sozialprodukts hält, ist daher nach wie vor geboten.

Das Defizit im Bundeshaushalt wird 1989 (angesichts der wachstumsbedingt günstigeren Steuerentwicklung, dem höheren Bundesbankgewinn und der Verbrauchsteuererhöhungen) deutlich geringer als im Vorjahr ausfallen. Diese günstigere Situation im Bundeshaushalt erhöht die Gefahr, daß die Ziele sparsame Haushaltspolitik und mittelfristige Haushaltskonsolidierung aus dem Blickfeld geraten und Begehrlichkeiten und zusätzliche Ausgabenwünsche die Oberhand gewinnen. Wunschlisten liegen ja bereits auf dem Tisch.

Um so wichtiger wird es in den kommenden Monaten sein, Beschlüsse über neue und zusätzliche Ausgaben zu vermeiden. Und dies nicht nur, um das „haushaltspolitische Pulver“ für solche Fälle trocken zu halten, in denen wir es – konjunkturpolitisch – brauchen könnten, sondern vor allem, um den finanziellen Spielraum zu schaffen, den wir für weitere Steuerentlastungen und Umschichtungen zugunsten einer Reform der Unternehmensbesteuerung – eine der wesentlichen Aufgaben der 90er Jahre – unbedingt brauchen.

2. *Rückführung von Subventionen*

Ein wichtiger Aspekt der quantitativen, aber auch der qualitativen Konsolidierung ist die Aufgabe einer weiteren Reduzierung von Subventionen. Mit der Streichung von Steuersubventionen im Rahmen des Steuerreformgesetzes haben wir zwar den Einstieg in den Subventionsabbau geschafft. Aber dies ist insbesondere unter ordnungspolitischen Aspekten noch viel zu wenig. Subventionen sind ein Hemmnis gegenüber dem weiteren Strukturwandel; sie fördern die „Subventionsmentalität“ der Empfänger und begünstigen einseitig einzelne Sektoren oder Unternehmen; sie stellen damit eine Wettbewerbsverzerrung dar und legen die Last der Anpassung um so mehr auf die Schultern derer, die nicht zum Zuge kommen. Mehr noch: Ein Teil der Subventionen und staatlichen Regulierungen schützt die Bezieher von gut bezahlten und sicheren Arbeitsplätzen zu Lasten von Arbeitsuchenden. Syndikalistische Produzenteninteressen gehen dann vor Gesamtinteresse und Konsumenteninteressen.

Die Bundesregierung hat die Möglichkeit einer linearen Kürzung der Finanzhilfen sorgfältig geprüft. Sie schätzt allerdings infolge der erheblichen rechtlichen und sachlichen Schwierigkeiten das damit kurzfristig realisierbare Einsparvolumen niedriger ein als z. B. der Sachverständigenrat. Wichtig bleibt es freilich, die Notwendigkeit und den Umfang staatlicher Subventionen immer wieder neu zu prüfen und alle Möglichkeiten auszuschöpfen, den Subventionsabbau langfristig voranzutreiben.

3. Entregulierung von Märkten

Zur qualitativen Konsolidierung gehören insbesondere auch Deregulierung und Privatisierung. Der Staat interveniert noch viel zu viel. Ein noch größerer Teil der wirtschaftlichen Aktivitäten muß wieder mehr der Steuerung durch den Wettbewerb an den Märkten unterworfen werden. Die Signal- und Lenkungsfunktion der Preise wird dadurch verbessert, Flexibilität und Anpassungsfähigkeit werden gefördert, die gesamtwirtschaftliche Effizienz erhöht. Der Handlungsspielraum der Bürger wird vergrößert, zugleich auch ihre Selbstverantwortlichkeit.

Durch vielfältige Staatseingriffe ist an zahlreichen Märkten der Wettbewerb vermindert und verzerrt worden. Durch sie wird der Strukturwandel nicht unterstützt, sondern behindert. Wichtig ist nicht, vermeintliche Zukunftsindustrien oder andere Wachstumsträger, wie beispielsweise Dienstleistungen, gezielt zu fördern, oder wachstumsschwache Bereiche zu stützen, sondern Wachstumshemmnisse soweit wie möglich zu beseitigen.

Durch staatliche Interventionen, wie Regulierungen, sind viele Dienstleistungen vor Wettbewerb geschützt. Der Zugang zu den Märkten ist beschränkt, die Preise und Konditionen sind reglementiert, Produktionskapazitäten werden knapp gehalten. Für solche schützenden Vorschriften werden zahlreiche Argumente vorgebracht. Bei der Einführung der Regulierungen mögen viele dieser Argumente getragen haben. Es ist aber an der Zeit zu prüfen, ob sie heute noch tragfähig sind.

An Regulierungen entzündet sich oft internationale Kritik – beispielsweise in der OECD oder dem IWF – und mit dem Hinweis darauf, daß in der Bundesrepublik bei der Flexibilisierung der Rahmenbedingungen zu wenig getan wird, werden Fortschritte dringlich angemahnt. Viele regulierte Märkte werden zunehmend von Entscheidungen in Brüssel betroffen. Wir sollten nicht warten, bis wir durch die Mehrheitsverhältnisse im Rat der EG gezwungen werden, die Privilegien einzelner Gruppen abzubauen. Einfluß auf die Entscheidungen über die Vollendung des Binnenmarkts können wir in diesen Fragen nur ausüben, wenn wir mit eigenen Ideen zur Deregulierung in die Diskussion eingreifen.

Dabei soll uns die Deregulierungskommission behilflich sein, Deregulierungsmöglichkeiten aufzuzeigen und gut zu fundieren. Voraussichtlich im ersten Halbjahr 1990 wird diese Kommission ihren Bericht mit konkreten Empfehlungen vorlegen. Bis dahin bleibt indessen noch viel Überzeugungsarbeit im Grundsatz zu leisten; denn weder ist das Problem enger Regulierungen in der Öffentlichkeit hinreichend bekannt, noch bestehen ausreichend klare Vorstellungen über die Chancen, die sich bei einer resoluten Politik der Deregulierung eröffnen; derzeit beherrschen oft noch diejenigen das Meinungsbild, die sich unter dem Schutz „ihrer“ Regulierungen wohl fühlen und sie deshalb hartnäckig verteidigen.

4. *Weitere Privatisierung*

Zu den wichtigsten Aufgaben einer auf mehr Wettbewerb in allen Bereichen unserer Wirtschaft gerichteten Politik gehört es auch, staatliche Beteiligungen an Unternehmen zurückzuführen. Bei der Verwirklichung dieses Ziels wurden schon beträchtliche Fortschritte gemacht. Nachdem der Bund im letzten Jahr im industriellen Bereich seine Beteiligung an der Volkswagen AG und der VIAG AG veräußert hat, ist mit der Öffnung des Gesellschafterkreises der Deutschen Verkehrskreditbank im Jahre 1988 die Privatisierung von Bankbeteiligungen des Bundes ebenfalls einen Schritt vorangekommen. Das Gesetz über die Umwandlung der Deutschen Pfandbriefanstalt (Depfa) in eine Aktiengesellschaft ist am 1. Januar 1989 in Kraft getreten. Damit ist der Weg für die Privatisierung der Depfa frei: die Umwandlung der Bank in eine Aktiengesellschaft und sodann – zu einem geeigneten Zeitpunkt – die Veräußerung des Anteilsbesitzes des Bundes. Nach Schaffung der gesetzlichen Voraussetzungen zur Teilprivatisierung der Deutschen Siedlungs- und Landesrentenbank, die für Anfang 1989 zu erwarten ist, wird die Bundesregierung auch hier Privatisierungsschritte durchführen.

Auch in Zukunft bleibt die Bundesregierung bestrebt, Staatsunternehmen zu privatisieren. So soll der Anteil des Bundes an der Deutschen Lufthansa – bei Wahrung seiner Stellung als Mehrheitsgesellschafter – im Rahmen einer Kapitalerhöhung weiter zurückgeführt werden. Die Bemühungen, die Deutsche Industrieanlagen GmbH

(DIAG) in private Hand zu überführen, werden fortgesetzt. Die Bundesregierung begrüßt die Absicht der Übernahme der Mehrheit des Kapitals der Treuarbeit AG durch die Mitarbeiter bei gleichzeitiger Rückführung der Anteile von Bund und Ländern; dadurch werden sich die unternehmenspolitischen Möglichkeiten dieses Unternehmens gerade im Hinblick auf den europäischen Binnenmarkt vergrößern.

Gefordert sind jetzt vor allem Länder und Gemeinden, ihre Beteiligungspolitik zu überdenken. Hier liegen noch beachtliche Privatisierungspotentiale brach.

5. Reform der Unternehmensbesteuerung

Ein weiteres wichtiges Aufgabenfeld ist die Reform der Unternehmensbesteuerung. Aus dem internationalen Wettbewerb um wachstumsfreundliche Steuersysteme können wir uns nicht einfach abmelden. Wohin man auch schaut: Weltweit werden die steuerlichen Rahmenbedingungen für Investitionen verbessert. Seit die Vereinigten Staaten 1986 den Körperschaftsteuersatz für einbehaltene Gewinne von 46 auf 34 % gesenkt haben, hat ein regelrechter Wettlauf um die niedrigsten Unternehmensteuern eingesetzt:

- In Großbritannien fiel der Regelsatz für die Körperschaftsteuer von 52 auf 35 %.
- Österreich senkt den Höchstsatz der Körperschaftsteuer von 55 auf 30 % und baut gleichzeitig die Gewerbesteuer weiter ab.
- In den Niederlanden wird die Körperschaftsteuer für einbehaltene Gewinne künftig nur noch 35 statt heute 42 % betragen.
- Frankreich will reinvestierte Gewinne ab 1989 nur noch mit 39 statt bislang mit 50 % besteuern.
- Japan plant, den Steuersatz für einbehaltene Gewinne von 42 auf 37,5 % zu senken.

Die Bundesregierung hat darauf zwar bereits mit der Steuerreform 1990 reagiert. Die Abflachung der Progressionskurve bei der Einkommensteuer, die Senkung des Körperschaftsteuersatzes für einbehaltene Gewinne von 56 auf 50 % sowie des Spitzensteuersatzes bei der Einkommensteuer auf 53 % stärkt auch die Attraktivität des Produktionsstandortes Bundesrepublik.

Dennoch: Die steuerliche Belastung der Unternehmen ist auch nach 1990 im internationalen Vergleich immer noch verhältnismäßig hoch. Weitere Maßnahmen sind daher notwendig. Die Bundesregierung wird die Reform der Unternehmensbesteuerung so vorbereiten, daß sie nach der nächsten Bundestagswahl schnell politisch entschieden werden kann und im Zusammenhang mit der Vollendung des EG- Binnenmarktes im Herbst 1992 im Gesetzblatt steht.

Deshalb kann ich noch kein Regierungskonzept vorstellen. Persönlich meine ich, daß vor allem bei der Körperschaft- und bei der Einkommensteuer nachgebessert und die Gewerbesteuer, die faktisch eine zweite Ertragsteuer für größere Unternehmen ist, zugunsten einer modernen Kommunalsteuer abgeschafft oder mindestens reformiert werden muß. Entscheidend ist, daß unter dem Strich eine deutliche Verbesserung der steuerlichen Rahmenbedingungen für unternehmerische Tätigkeiten in der Bundesrepublik herauskommt, d. h. nach Steuern genügend Gewinn für die Investitionsfinanzierung übrig und der Investititionsstandort Bundesrepublik in der EG und im weltweiten Wettbewerb attraktiv bleibt. Das sicherzustellen, muß das vorrangige Ziel der Reform der Unternehmensbesteuerung sein.

6. *Begrenzung der Lohnzusatzkosten*

Die Senkung der Steuerlasten darf nicht konterkariert werden durch weiter steigende Lohnzusatzkosten; hier sind wir inzwischen „Weltmeister“ geworden.

Im gesetzgeberischen Bereich dient diesem Zweck die Reform der gesetzlichen Kranken- und Rentenversicherung. Aber nicht nur deshalb: Sie ist auch notwendig, um die Belastungen für die nachfolgenden Generationen nicht ins Uferlose steigen zu lassen.

Im Jahre 2030, so schreibt nämlich der Sachverständigenrat in seinem letzten Gutachten, wird auf die Zahl der Personen im erwerbsfähigen Alter eine etwa doppelt so große Anzahl alter Menschen entfallen wie heute. Unter Berücksichtigung einer Erwerbsquote auf dem derzeit erreichten Niveau und unter Berücksichtigung, daß die Regelungen für den Eintritt in das Rentenalter weiter gelten würden wie bisher, würde dies bedeuten, daß jeder Erwerbstätige etwa doppelt so viel ältere Menschen unterhalten müßte wie heute. Es ist in der Tat unter diesen Voraussetzungen, wie der Sachverständigenrat ebenfalls schreibt, schwer vorstellbar, daß in 20 bis 25 Jahren die jungen Menschen dann noch bereit sein werden, die aus dem sog. Generationenvertrag entstehenden größeren Lasten zu tragen, wenn ihnen nicht gleichzeitig auch ein höheres Einkommen zuwächst. Dies ist nicht nur ein Grund, eine weiterhin aktive Wachstumspolitik zu betreiben, damit zumindest die Voraussetzung, ein steigendes Einkommen erzielen zu können, erfüllt ist, sondern auch und vor allem ein Grund, die Reform der gesetzlichen Kranken- und Rentenversicherung voranzubringen und zwar so voranzubringen, daß das Wirtschaftswachstum durch sie nicht behindert, sondern gefördert wird.

Ein Versuch, die gesetzliche Rentenversicherung nur durch die Erschließung neuer Finanzmittel zu sanieren – sei es durch Beitragssatzanhebungen, sei es durch die Erhöhung des Bundeszuschusses – wäre nicht problemadäquat, weil damit die ökonomischen Grundlagen der Rentenversicherung gefährdet würden. Eine dauerhafte Sicherung der Rentenfinanzen muß angesichts der demographischen Entwicklung auch die Leistungsseite – wie insbesondere das Rentenzugangsalter, die Berücksichtigung von beitragslosen und beitragsgeminderten Zeiten sowie das Rentenanpassungsverfahren einschließlich der Anpassung an die Nettolohnentwicklung – mit erfassen.

Das Reformkonzept der Bundesregierung sieht deshalb vor, daß die Lasten von allen Beteiligten – Rentnern, Beitragszahlern und Bund – gemeinsam getragen werden. Die aus der demographischen Entwicklung resultierenden Belastungen betreffen nicht nur das System der Rentenversicherung. Es ist deshalb erforderlich, daß solchen Belastungsveränderungen unter Beachtung der jeweiligen Besonderheiten auch in anderen ganz oder teilweise aus Steuermitteln finanzierten Alterssicherungssystemen sinngemäß Rechnung getragen wird.

Die Eindämmung der Lohnzusatzkosten im gesetzlichen Bereich stößt auf Grenzen. Deshalb möchte ich deutlich betonen, daß dies eine Aufgabe ist, die die Tarifvertragsparteien mindestens ebenso angeht wie die Politik. Auch sie müssen ihren Beitrag zur Senkung dieser Kosten leisten.

7. Mehr Flexibilität am Arbeitsmarkt

Wir müssen die Flexibilität am Arbeitsmarkt erhöhen. Hier stellen sich Aufgaben, die die Bundesregierung auch, aber nicht alleine lösen kann. Denn über die Beschäftigung entscheiden in erster Linie die Tarifparteien in eigener Verantwortung. Die Politik kann und soll hier nicht direkt eingreifen; sie kann aber den Rahmen mitgestalten, in dem die Tarifparteien entscheiden.

Der Arbeitsmarkt spaltet sich mehr und mehr in einen florierenden Teil – mit gut ausgebildeten und gesuchten Arbeitskräften – und einen stagnierenden Teil, in dem nicht ausreichend ausgebildete Arbeitssuchende immer stärker dem Risiko längerfristiger Arbeitslosigkeit ausgesetzt sind. Dies ist ein Alarmzeichen; es weist darauf hin, daß die Fähigkeit des Arbeitsmarkts, Beschäftigungsunterschiede auszugleichen, gestört ist.

Die Lohnstruktur ist hier von ganz entscheidender Bedeutung; sie muß es möglich machen, daß auch weniger leistungsfähige, weniger gut ausgebildete Arbeitssuchende eine Chance auf einen Arbeitsplatz haben. Das erfordert, daß die Tarifpolitik nicht allein die Interessen von „Arbeitsplatzbesitzern“ berücksichtigt. Es besteht insofern Nachholbedarf bei der Differenzierung von Löhnen nach Qualifikationen, Betriebsgrößen, Regionen und nach Branchen. Hier kann man nur an die Tarifparteien appellieren, etwas mehr soziale Phantasie zu entwickeln.

Gleiches gilt für die flexiblere Gestaltung der Arbeitszeit. In der staatlichen Verantwortung bietet das Beschäftigungsförderungsgesetz mit seiner Möglichkeit, befristete Arbeitsverträge ohne besondere Begründung zu schließen, einen wichtigen Ansatz zu mehr Flexibilität am Arbeitsmarkt. Deshalb sollte die Befristung – bis Ende 1989 – aufgegeben werden. Damit zu verbinden wäre die Lockerung der Sozialplanvorschriften; sie sind durch die Rechtsprechung inzwischen wesentlich großzügiger geworden, als sich der Gesetzgeber ursprünglich vorgestellt hatte.

Bei alledem geht es nicht um Umverteilung, sondern darum,

Chancen für Arbeitssuchende zu eröffnen. Unternehmen werden heute nur dann zu Neueinstellungen schreiten, wenn sie absehen können, daß eine sich abzeichnende Expansion dauerhaft sein wird, da sie sich von Arbeitskräften nur um den Preis von Abfindungen und des Risikos eines Kündigungsschutzprozesses trennen können. Deshalb werden sie heute vielfach den Ausgleich von Auftragsspitzen mit Überstunden vorziehen.

In der Frage der Arbeitszeitflexibilisierung steht nicht der Sonntag als normaler Arbeitstag zur Disposition. Weshalb muß aber im Arbeitsleben der Samstag fast denselben Status wie der Sonntag bekommen? Das ist auch nicht christlich begründet. Notwendig ist, daß die Tarifparteien sich auf breiter Basis verständigen, der Notwendigkeit längerer Maschinenlaufzeiten besser Rechnung zu tragen. Dies verbessert die Produktivität und erlaubt dann auch im europäischen und weltweiten Wettbewerb entsprechend höheren Wohlstand und sozialen Standard. Es gibt ermutigende Beispiele, die von den Arbeitnehmern sehr positiv aufgenommen worden sind, und die jüngsten Einlassungen aus den Gewerkschaften zu diesem Thema lassen hoffen, daß hier Bewegung bevorsteht.

8. Schutz der Umwelt

Beim *Schutz der Umwelt* sollte es künftig noch stärker darauf ankommen, nicht Krisenmanagement, sondern Vorsorgepolitik zu betreiben und dabei Ökologie als Langzeitökonomie zu verstehen. D. h.:

- erkennen, daß saubere Umwelt nicht zum Nulltarif zu haben ist, sondern über das Verursacherprinzip Ökologie in die Ökonomie zu internalisieren ist,
- verläßliche Rahmenbedingungen setzen, d. h. nicht mit ständigen Eingriffen dem jeweiligen Stand des technischen Wissens hinterherrennen, sondern ehrgeizige, kalkulierbare Vorgaben machen, dann aber der Wirtschaft Zeit lassen für entsprechende Anpassungsinnovationen- und investitionen,
- im Interesse von größerer Effizienz und schnellerer Durchset-

zung den unvermeidlichen Rahmen von Geboten und Verboten ergänzen durch marktwirtschaftliche Instrumente,
- vernünftig dosiert können dabei zur „pretialen Lenkung“ auch steuerliche Anreize und Abgaben sinnvoll sein (wenn sie die Abgabenquote nicht insgesamt erhöhen),
- die Genehmigungs- und Überwachungsverfahren rationeller und kalkulierbarer gestalten und handhaben.

9. Fortsetzung der internationalen Kooperation

Die weltwirtschaftliche Arbeitsteilung wird im Zuge des technischen Fortschritts, veränderter relativer Preise und durch die wachsende Beteiligung von Schwellenländern und Entwicklungsländern am Weltmarkt erhebliche Wandlungen durchmachen. Produktionsentscheidungen sind heute weniger denn je an einmal gewählte Standorte gebunden. Auch der Kapitalverkehr ist dank moderner Kommunikationstechniken immer flexibler und mobiler geworden und findet heute praktisch rund um die Uhr rund um den Globus statt. Dies hat gravierende Konsequenzen nicht nur für zukünftige Investitionsentscheidungen und damit für das Wachstumspotential einer Wirtschaft, sondern auch für die künftige Entwicklung am Arbeitsmarkt und damit für die Beschäftigungspolitik.

Eine notwendige Konsequenz aus der zunehmenden wechselseitigen Abhängigkeit der Volkswirtschaften und der wachsenden internationalen Verflechtung der Güter- und Finanzmärkte ist eine verstärkte wirtschaftspolitische Kooperation der Industrieländer. So hat z. B. die wirtschaftspolitische Zusammenarbeit im internationalen und europäischen Rahmen mit dazu beigetragen, daß die Folgen der Turbulenzen an den Aktien- und Devisenmärkten vom Herbst 1987 relativ rasch und weitgehend reibungslos überwunden werden konnten.

Sie wird auch in Zukunft ein unverzichtbarer Ansatz bleiben, um weltwirtschaftliche Risiken, wie sie z. B. in den internationalen Ungleichgewichten und deren möglichen Rückkoppelungen auf die Devisen-, Finanz- und auch Warenmärkte vorhanden sind, in Grenzen zu halten. Gerade für unsere exportabhängige Wirtschaft bleibt sie aber auch deshalb wichtig, um so weit wie möglich protektionistische

Bestrebungen sowie sich verstärkende Tendenzen in Richtung auf Bilateralisierung und Regionalisierung des Welthandels zu vermeiden.

10. Stärkung des multilateralen Handelssystems und offene EG

Die Offenhaltung und weitere Öffnung der Weltmärkte sowie die Sicherung und Weiterentwicklung des multilateralen Handelssystems ist in unserem ureigensten Interesse. Zentraler Ansatz hierzu ist im Rahmen des allgemeinen Zoll- und Handelsabkommens (GATT) die laufende Uruguay-Runde. Ich bedauere, daß es nicht schon bei der Ministerkonferenz in Montreal vom 5. bis 8. Dezember 1988 gelungen ist, konkrete Zwischenergebnisse in allen Verhandlungsbereichen zu erzielen; andererseits darf man daraus nicht den voreiligen Schluß ziehen, daß damit die Uruguay-Runde gescheitert wäre. Die GATT-Vertragsparteien haben nämlich beschlossen, bei einer weiteren Tagung Anfang April 1989 einen erneuten Versuch zu unternehmen, in den noch strittigen Fragen eine Einigung zu erreichen und damit doch noch ein Gesamtpaket von Halbzeit-Ergebnissen zu verabschieden. Wir werden dabei konstruktiv mitarbeiten und uns in Brüssel dafür einsetzen, daß die Gemeinschaft mit ausreichendem Spielraum an den weiteren Verhandlungen teilnehmen und damit ihrer weltwirtschaftlichen Verantwortung gerecht werden kann.

Eintreten für ein offenes und freies Welthandelssystem bedeutet allerdings auch, die Tür nach Europa nicht nur für die Mitgliedstaaten selber, sondern auch für andere Länder offen zu halten. Eine „Festung Europa“ darf es in unserem eigenen Interesse nicht geben. Die Argumente, die für die Vollendung des Binnenmarktes sprechen, gelten auch für eine nach außen offene Gemeinschaft: Durch den Abbau von Schranken, die Produktion und Austausch von Waren und Dienstleistungen behindern, werden die internationale Arbeitsteilung gestärkt, das Wachstum unterstützt und die Beschäftigung gefördert.

Wir werden uns daher u. a. dafür einsetzen, daß noch bestehende Schutzmaßnahmen einzelner EG-Mitgliedstaaten abgebaut werden. Harmonisierung auf einem mittleren Niveau kommt für uns nicht in

Frage. Auch Reziprozitäts-Vorstellungen, die auf die Forderung nach bilateralen oder sektoralen Gegenleistungen für den freien Zugang zum EG-Binnenmarkt oder auf das Erreichen eines Gleichgewichts in den Handelsströmen gerichtet sein könnten, lehnen wir ab.

Engen Reziprozitäts-Überlegungen stehen im übrigen Verpflichtungen der Gemeinschaft im GATT und in anderen internationalen Organisationen sowie bilaterale Vereinbarungen entgegen. Trotz aller Skepsis, die uns von unseren Handelspartnern entgegenschlägt, bin ich daher zuversichtlich, daß die Vollendung des Binnenmarktes in der Gemeinschaft insgesamt auch zum Vorteil für Drittländer sein wird.

Wenn es uns gelingt, in den zehn von mir ausführlicher behandelten Punkten – es sind beileibe nicht alle Problemfelder, die man in diesem Zusammenhang aufführen könnte, aber sie gehören zu den wichtigsten – konkrete Fortschritte zu machen, brauchen wir Rückschläge in der Bewältigung der strukturellen Anpassung nicht zu befürchten. Mit einer so gestärkten Sozialen Marktwirtschaft werden wir auch die Nase vorn haben im Rennen bei der Vollendung des Europäischen Binnenmarktes und im internationalen Wettbewerb. Eine solche marktwirtschaftliche Politik ist zugleich auch das beste Fitneßtraining für unsere mittelständische Wirtschaft; sie braucht keine Schutzzaunpolitik. Damit sie im Rennen aber gut mithalten kann, müssen die allgemeinen Rahmenbedingungen ergänzt werden durch ein spezifisches Maßnahmenbündel zum Ausgleich von Informations- und Beratungsdefiziten und zur Verbreitung und Beschleunigung des Technologietransfers.

V. Verantwortung der Verbandspolitik

Ich möchte zum Abschluß meines Vortrages noch auf ein Thema eingehen, daß mir in diesem Zusammenhang besonders am Herzen liegt: nämlich auf die Rolle und die Verantwortung, die die politischen Instanzen und die organisierten Interessengruppen in diesem Kontext haben und wie sie von ihnen wahrgenommen wird. Denn das eigentliche Problem der Wirtschaftsordnungspolitik besteht ja nicht etwa im Auffinden und Auflisten geeigneter wirtschaftspolitischer Maßnahmen, sondern vielmehr in der konsequenten Umsetzung im politischen Alltag.

Anknüpfen möchte ich dabei an einen Aufsatz von Birgit Breuel, den ich kürzlich in den „Orientierungen" der Ludwig-Erhard-Stiftung gelesen habe, und den ich in seiner Offenheit und ordnungspolitischen Stringenz bemerkenswert fand. Sie schreibt darin zum Beispiel: „Ordnungspolitik ist nicht das Credo der ‚Macher' in der Politik. Sie fühlen sich ihren Wählern gegenüber verpflichtet, Aktivität nachzuweisen. Oft genug ersetzt der Nachweis der Aktivität den Nachweis der Erfolge. Sie messen ihre Leistung in der öffentlichen Auseinandersetzung daran, wieviel Geld sie ausgegeben haben, statt daran, was sie damit bewirkt haben." Und an anderer Stelle: „Ordnungspolitik ist kaum ein Köder für den Stimmenfang" und noch ein letztes Zitat: „Wir alle wissen, wie schwer es ist, im Alltag diesen (ordnungspolitischen, Anm. d. Verf.) Zielen treu zu bleiben. Auch mein Sündenregister ist in diesem Zusammenhang beachtlich."

Dies alles spricht für sich. Ich habe dem nichts hinzuzufügen außer vielleicht den Wunsch, daß im Interesse der Marktwirtschaft die hierin zum Ausdruck kommende Selbsterkenntnis und der Wille zur Besserung in den Kreisen, die es angeht, nicht ungehört verhallen. Denn in der Tat: Ordnungspolitik braucht einen langen Atem und Wahlperioden dauern bekanntlich „nur" vier Jahre.

Als einem, der seit zwei Jahrzehnten an den Nahtstellen zwischen wissenschaftlicher Politikberatung, fachlicher Regierungsverwaltung und hoher Politik wirkt, sind mir die vielfältigen Zwänge und Konflikte, denen Politiker unterliegen und auf die sie Rücksicht nehmen müssen, durchaus bekannt und verständlich. Das bedeutet aber nicht, daß man die darin liegenden Gefahren für die Unabhängigkeit des Staates und seiner Repräsentanten einfach übersehen sollte. Die Art und Weise, wie manche Interessengruppen heutzutage den Prozeß der politischen Willensbildung zu beeinflussen suchen, gibt schon zu denken. (Jüngstes Beispiel: syndikalistisches Unterlaufen parlamentarischer Entscheidungen über Tarifabsprachen bei der Einführung des Dienstleistungsabends.)

Die politische Verantwortung der Verbände, die sie zweifellos haben und auf die sie sich häufig berufen, zeigt sich aber auch darin, daß sie bereit sind, die Grenzen politischer Einflußnahmen auch ohne staatlichen Zwang anzuerkennen. Vor allem aber darf sich die Politik die letztliche Entscheidung nicht von Interessengruppen aus der Hand nehmen lassen. Entscheidungskartelle auf „höchster Ebene" unter dem Etikett einer „kooperativen Industriepolitik", wie sie kürzlich ein prominenter Vertreter der Wirtschaft vorgeschlagen hat, verletzen die Spielregeln des Wettbewerbs *und* der Demokratie.

Die Abgrenzung der Verantwortlichkeiten zwischen Politikern und Interessengruppen muß gewährleistet und gegenseitig respektiert werden. Denn wenn der Staat vom Schiedsrichter zum Mitspieler wird, um eine Metapher von Ludwig Erhard zu verwenden, dann steht auch die Glaubwürdigkeit des Staates auf dem Spiel. Er kann dann seine Schutzfunktionen für Recht und Freiheit nicht mehr objektiv und überzeugend wahrnehmen.

Umso mehr bedarf es des Mutes der Politiker, die Regeln der Marktwirtschaft auch gegen den Anspruch der organisierten Interessen durchzusetzen und dafür Sorge zu tragen, daß sich das ordnungspolitische Idealbild eines starken Staates, der unbeschadet der Einflußnahme mächtiger Verbände und Gruppen die Grundlagen der Wettbewerbsordnung verteidigt, nicht allzuweit von der praktischen Wirklichkeit entfernt.

Das heißt freilich nicht, daß man generell auf das konstruktive Gespräch mit den Verbänden verzichten sollte. Im Gegenteil! Insbesondere der „soziale Dialog" zwischen Regierung, Gewerkschaften und Arbeitgebern sollte verstärkt in Gang gebracht und in gegenseitigem Interesse ausgebaut werden. Eine gesellschaftliche Konfliktlösung auf der Basis von Konsensbereitschaft und Toleranz ist nach wie vor notwendig.

Ich kann zum Abschluß nur hoffen, daß es mir gelungen ist, im Rahmen eines Rückblicks und eines Ausblicks deutlich werden zu lassen, daß trotz vieler Fortschritte die vor uns liegenden Aufgaben von erheblicher Dimension sind. Sie werden kaum gelöst werden können, wenn nicht alle gesellschaftlichen Gruppen an ihrer Lösung mitarbeiten. Es geht um die Festigung der Sozialen Marktwirtschaft für die 90er Jahre. Und das heißt eben nach dem klassischen „Freiburger" Credo Mut zu Ordnungspolitik.

Nachbemerkung

Lassen Sie mich mit einer „politischen Nachbemerkung" schließen. Marktwirtschaftliche Politik für die 90er Jahre muß und kann auch folgende Entwicklungstendenzen positiv in Rechnung stellen.

1. Im Zuge der weiteren europäischen Entwicklung (Binnenmarkt, Wirtschafts- und Währungsunion) werden in den 90er Jahren zunehmend Kompetenzen nach Brüssel abwandern. Wir haben es daher immer weniger allein in der Hand, die Wirtschaftsordnung national zu gestalten. Wir können aber, wie ich schon sagte, eine Erneuerung marktwirtschaftlichen Denkens und Handelns in der EG konstatieren. Die Einsicht wächst, daß ein wirklich funktionierender gemeinsamer Markt in Europa eben nur mit „mehr Markt" geht; das akzeptieren inzwischen auch Premiers wie Rocard und Gonzales.
2. Das Ringen um das neue Grundsatzprogramm der SPD läßt mittelfristig hoffen, daß Prinzipien der Sozialen Marktwirtschaft auch parteiübergreifend wieder mehr politisches Gewicht gewinnen. Dies erinnert an Franz Böhm, einem ordnungspolitischen Vordenker und geistigen Weggenossen von Walter Eucken, der im Zusammenhang mit „Godesberg I" und mit Blick auf Karl Schiller und Heinrich Deist (heute würde er vielleicht an Lafontaine denken) einmal gesagt hat: Wetteifer von links und rechts um die beste Verwirklichung der Marktwirtschaft, das wäre noch lange nicht das Schlechteste, was sich in unserem Lande ereignen könnte.
3. In den 90er Jahren werden sich neue weltpolitische Strukturen entwickeln. Nicht mehr das militärische Potential wird entscheidend sein, sondern die wirtschaftliche Leistungsfähigkeit. Auch

deshalb bemühen sich sozialistische Länder im Osten um Reformen mit mehr marktwirtschaftlichen Elementen und gesellschaftlichen Freiheiten. Kooperation auf wettbewerblicher Grundlage statt Konfrontation wird gefragt sein. Dabei muß Westeuropa eine eigenständige Rolle spielen. Im Verbund mit der europäischen Integration gilt es, durch eigene Anstrengungen das ökonomische Potential und den sozialen Konsens zu stärken.

Auch diese mehr allgemeinpolitischen Perspektiven lassen für eine marktwirtschaftliche Politik in den 90er Jahren hoffen.